Vinícius da Silva Paiva

O Espírito e a Esposa dizem: Amém!

A dimensão carismática da mediação materno-eclesial de Maria

Coleção Escola de Maria
6

EDITORA
SANTUÁRIO

Dados Internacionais de Catalogação na Publicação (CIP) de acordo com ISBD

P149e Paiva, Vinícius da Silva

O espírito e a esposa dizem: amém / Vinícius da Silva Paiva. - Aparecida, SP : Editora Santuário, 2020.
40 p. ; 14cm x 21cm. – (Coleção Escola de Maria ; v.6)

Inclui bibliografia.
ISBN: 978-65-5527-021-1

1. Cristianismo. 2. Espírito. 3. Maria. I. Título. II. Série.

CDD 240
2020 -1245 CDU 24

Elaborado por Vagner Rodolfo da Silva - CRB-8/9410

Índice para catálogo sistemático:
1. Religião : Cristianismo 240
2. Religião : Cristianismo 24

1ª impressão

Rua Padre Claro Monteiro, 342 — 12570-000 — Aparecida-SP
Tel.: 12 3104-2000 — Televendas: 0800 16 00 04
www.editorasantuario.com.br
vendas@editorasantuario.com.br

INTRODUÇÃO

O Espírito e a Esposa dizem: Amém! Vem, Senhor Jesus.

Essa é a frase que está no nicho da imagem de Aparecida. Ela diz muito mais do que aparenta. Seu autor, Cláudio Pastro, inspirou-se em 2 versículos do livro do Apocalipse:

> **O Espírito e a Esposa dizem**: "Vem"! E quem ouve também diga: "Vem"! Quem tem sede, venha, e quem quiser, receba gratuitamente a água da vida (Ap 22,17).
>
> Aquele que dá testemunho destas coisas diz: "Sim, eu venho em breve". **Amém! Vem, Senhor Jesus** (Ap 22,20).

Ao juntar as duas expressões, Cláudio Pastro criou uma frase de grande densidade teológica, como em um rio volumoso formado por três grandes afluentes: a Pneumatologia, a Mariologia e a Eclesiologia. Esses três saberes teológicos estão imbricados e sustentam o trono de ouro da Virgem Aparecida, visitado anualmente por milhares de peregrinos.

Ao propor o *Amém* como resposta do Espírito e da Esposa, o artista evocou a beleza do sim nupcial, que no contexto do Apocalipse se refere a Cristo e sua Igreja. Mas que no Santuário de Aparecida também se aplica ao Espírito e a Maria. Como não lembrar que ali está a "rainha-mãe ornada com o ouro de Ofir" (Sl 45,10)? Essa licença poética e teológica traz à tona a mística contemplativa em torno da afirmação de Maria como esposa do Espírito Santo.

Veremos em que medida isso pode ser afirmado e o quanto esse entendimento é salutar para a vivência eclesial de nossos dias, afinal de contas, nunca se falou tanto no Espírito Santo, e de certa forma, Maria nos ajudará a caminhar por esse terreno. Quem sabe o leitor não encontre nele uma pérola ou um tesouro escondido que o faça procurá-lo ainda mais para além dos limites desta pequena obra?

Tomamos por base o artigo apresentado na conclusão do Curso de Pós-graduação de Mariologia, em julho de 2018, na Academia Marial de Aparecida, em parceria com a Faculdade Dehoniana, com o título *Maria, esposa do Espírito Santo: a dimensão carismática da mediação materno-eclesial de Maria*. Vamos explorar a primeira parte do artigo que fala da relação de Maria com o Espírito Santo. A outra, que trata da mediação materna e intercessão de Maria, partilharemos, se Deus quiser, em outra oportunidade.

Por se tratar de uma adaptação de uma pesquisa científica, quem procura conteúdo teológico o achará condensado nas citações dos autores que embasaram a pesquisa e nas respectivas notas e referências bibliográficas. Mas o leitor que procura tão somente aprofundar sua fé, oriento que não fique preocupado, pois na medida do possível procuramos fazer da teologia uma ponte para a vida na perspectiva de uma mariologia existencial, ou seja, que faça sentido para nossa caminhada e traga respostas para nossa jornada de fé.

No primeiro capítulo falaremos da expressão latina *Nubit Spiritui*, primeira citação da relação esponsal de Maria com o Espírito Santo na história da Igreja. No segundo capítulo nos deteremos em quatro características da relação esponsal de Maria: experiência, intimidade, carisma e solidariedade. E por fim, no último, falaremos do *Amém* que devemos dar ao Amado, partindo da contemplação do nicho da imagem de Aparecida para compreendermos nossa própria vocação ao amor.

Convido o leitor a navegar por essas águas e a deixar que a beleza dessa contemplação encha o coração de torpor e faça de nós cristãos católicos mais conscientes, apaixonados e comprometidos. Que cada um possa ao final desta partilha pronunciar seu *Amém*, juntamente com o Espírito e a Esposa.

1. NUBIT SPIRITUI

"Intactam thalami virtus divina puellam
sincero adflatu per viscera casta maritat.
Incomperta ortus novitas iubet, ut Deus esse
credatur Christus sic conditus: innüba virgo
nubit Spiritui vitium nec sensit amoris,
pubertas signata manet, gravis intus et extra
incolumis, florens de fertilitate pudica
Jam mater, sed virgo tamen, maris inscia mater."[1]

"A virtude divina soprou verdadeiramente sobre o claustro virginal de uma donzela por meio de um casamento casto. A imperceptível e elevada novidade nos obriga a acreditar em Cristo, que é Deus, desse modo: uma virgem solteira se desposa com o Espírito, sem o vício do amor carnal, permanece com a virgindade selada, grávida por dentro e intacta por fora, florida com uma fertilidade pura, já mãe, mas virgem também, mãe sem conhecer homem algum."

São com essas palavras que o poeta romano Aurelius Prudentius no século IV descreve o acontecimento da encarnação em seu livro *Apotheosis*. A expressão *esposa do Espírito* como tradução de *Nubit Spiritui* foi retomada em forma de oração por São Francisco de Assis e assumida por São Luís Maria Grignion de Montfort, no Tratado sobre a Verdadeira Devoção: "Deus Espírito Santo comunicou a Maria, sua fiel esposa, seus dons inefáveis, escolhendo-a para dispensadora de tudo que ele possui".[2]

O papa Paulo VI, em sua encíclica *Marialis Cultus*, falando da produção literária sobre Maria, cita Prudêncio: "ao aprofundarem mais o mistério da Encarnação, viram na misteriosa relação Espírito Santo-Maria um aspecto esponsal, poeticamente descrito por Prudêncio, nestes termos: 'a Virgem não casada desposa o Espírito'".[3] E o papa João Paulo II também reconheceu a relação esponsal de Maria com o Espírito, afirmando que ela "se tornou sua fiel esposa na Anunciação, acolhendo o Verbo de Deus vivo".[4]

Apesar do Concílio Vaticano II ter optado por chamar Maria de "sacrário do Espírito Santo"[5] em vez de esposa, a contemplação da relação esponsal de Maria com o Espírito permaneceu viva e aberta no período pós-conciliar, não apenas no Magistério e na teologia, mas principalmente na devoção do povo, ao saudá-la como a filha de Deus Pai, a mãe de Deus Filho e a esposa de Deus Espírito Santo.

Contudo, a expressão "esposa do Espírito" apresenta alguma dificuldade teológica quando aplicada à relação de Maria com o Espírito Santo. É necessário resguardar a disparidade que existe entre a pessoa divina do Espírito Santo e a pessoa humana de Maria, excluindo qualquer compreensão de exclusividade ou de mútua complementariedade. Não se trata de uma relação entre cônjuges. E mais: a relação esponsal de Maria não é apenas com o Espírito, mas com a Trindade! Grande contribuição nos deu Bruno Forte ao conceber essa esponsalidade de Maria como uma manifestação de aliança trinitária vivida **"no Espírito Santo"**:

> (...) fazendo de Maria a Esposa por excelência, aquela que está em relação totalmente pessoal com o Pai como filha, com o Filho como mãe,

> e com o mesmo Espírito como terreno da vinda, no qual ele realizou o milagre da aliança esponsal, mistério puro do encontro. Nessa luz, a esponsalidade de Maria se oferece como tal no Espírito Santo: nele ela se une ao Pai e ao Filho, nele ela participa da fecundidade de um e da acolhida do outro, nele ela se torna arca da aliança, que une o céu e a terra, guardando Deus para a carne humana. Esposa no Espírito, Maria se oferece como a pura transparência de sua ação esponsal, de seu papel pessoal de vínculo de unidade, de sigilo da caridade divina, e, ao mesmo tempo, de êxodo de Deus de si e de dom aos homens, para estabelecer com eles a aliança da salvação eterna.[6]

A contemplação da relação de Maria como "encontro esponsal da nova aliança"[7] nos remete ao Antigo Testamento, onde a arca da aliança teve um papel de destaque na história do povo de Israel (Êx 25,10-22; 1Sm 6). Se ela é "ícone esponsal do povo de Deus",[8] pensar o encontro de Maria com o Espírito como um "evento da aliança"[9] é fundamental para a compreensão de sua maternidade tipológica na Igreja. Como diz o Frei Raniero Cantalamessa, pregador da casa pontifícia: "A beleza do ato de fé de Maria consiste no fato dele ser o 'sim' nupcial da esposa para o esposo, pronunciado com toda liberdade. Maria é o sinal e as primícias daquelas núpcias entre Deus e seu povo".[10]

Falando da simbologia nupcial, Bruno Forte diz ainda que "a reflexão crente faz entrever no Espírito Santo um mistério de nupcialidade, pelo fato de confessá-lo como o vínculo de amor eterno do Pai e do Filho, e igualmente como o vínculo que une o Pai ao Filho encarnado, e nele, à humanidade assumida".[11] Nesse sentido, a palavra "nupcialidade" traduz melhor a vinculação de Maria ao Espírito. E quando retornamos ao contexto original da expressão *Nubit Spiritui* é possível perceber que o desposamento tem mais a ver com o acontecimento das núpcias do que com a realidade matrimonial.

Se traduzirmos *Nubit Spiritui* como "a nubente do Espírito" vamos nos aproximar da figura da "noiva". Nesse sentido, Maria seria a noiva que pronunciou o sim para se tornar mãe de Deus por obra do Espírito Santo. O noivado de Maria perdurou por toda a sua caminhada na terra e ainda perdura no Céu como prefiguração das núpcias que Cristo, Cordeiro de Deus, celebrará com sua Igreja no final dos tempos (cf. Ap 9,19). Portanto, não se trata de um casamento já consumado, mas de núpcias que perduram no desenrolar da história humana e serão gloriosamente celebradas na comunhão escatológica da humanidade com Deus Trindade.

É por isso que contemplar o mistério nupcial em Maria é tão importante para a Igreja, pois a prepara para a vinda de Cristo, seu esposo. No nicho de Aparecida, logo após a frase *O Espírito e a Esposa dizem: Amém*, encontra-se o pedido em forma de oração: *Vem, Senhor Jesus*. Para Carlo Rochetta, o grande teólogo da ternura, essas núpcias escatológicas devem ser profeticamente testemunhadas pela Igreja:

> A categoria de "nupcialidade" exprime este conteúdo central: a Igreja é a comunidade das núpcias escatológicas de Deus e remete à nupcialidade eterna da Trindade, da qual estende no tempo a lógica do dar-se e do receber-se,

> do acolher-se, do doar-se e do compartilhar, implicando o "tudo" e o "para sempre". Se o matrimônio é a profecia da Igreja-esposa que o Cristo adquiriu com seu sangue, a virgindade é a profecia da Igreja-virgem prometida ao Senhor. Ambos os carismas, de modo próprio, são epifania e atuação do único mistério nupcial.[12]

Se olharmos para o primeiro milagre realizado por Jesus em Caná (Jo 2,1-11), vamos encontrar a figura do noivo e da noiva que não são identificados nominalmente pelo evangelista. Quem seria a noiva de Caná? A noiva em Caná é a Igreja. Por mais estranho que pareça, a narrativa de João não tem apenas a intenção de nos contar a respeito do primeiro sinal realizado por Jesus, mas também de nos revelar um mistério muito maior. O mesmo mistério que, de outra forma, explica Paulo na Carta aos Efésios:

> E vós maridos, amai vossas mulheres, como Cristo amou a Igreja e se entregou por ela, a fim de purificá-la com o banho da água e santificá-la pela Palavra, para apresentar a si mesmo a Igreja gloriosa, sem mancha nem ruga, ou coisa semelhante, mas santa e irrepreensível (...). É grande este mistério: refiro-me à relação entre Cristo e sua Igreja (Ef 5,25-27.32).

Maria é figura da Igreja, pois desfruta de todas as qualidades elencadas por Paulo: gloriosa, sem mancha (imaculada), santa e irrepreensível. É por isso que a Igreja olha para Maria como modelo de esposa. Maria viveu não apenas a dimensão do amor maternal, mas também a dimensão do amor esponsal. E é essa dupla vivência que faz a Mariologia iluminar a Eclesiologia.

Em Caná, Maria nos ensina a acolher Jesus: "Fazei tudo o que ele vos disser" (Jo 2,5). Sem esse consentimento e predisposição nupcial não será possível testemunhar o milagre do vinho melhor. E o que é o vinho melhor senão o inebriante "amor de Deus derramado em nossos corações pelo Espírito Santo que nos foi dado" (Rm 5,5)?

A água da primeira aliança é a água da purificação. O vinho da nova aliança é o vinho da comunhão. Não basta estar purificado, não é suficiente cumprir os mandamentos. É preciso amar a Deus "de todo o coração, de toda a alma e com todas as forças" (Dt 6,5). A Igreja é a noiva apaixonada de Caná e a esposa amada do Apocalipse; e é nesse intervalo que ela vive sua relação esponsal no Espírito.

2. RELAÇÃO ESPONSAL

Destacamos quatro características da relação esponsal de Maria que devem estar presentes na vivência da Igreja, que somos nós. Portanto, ao falarmos de experiência, intimidade, carisma e solidariedade, estamos propondo uma reflexão sobre nosso próprio relacionamento com Deus e com os irmãos.

1. Experiência

A relação esponsal de Maria com o Espírito Santo teve seu ponto de partida na Anunciação, mas não se resumiu a essa única experiência. Foi um contínuo e cotidiano discipulado. A dificuldade de compreendermos essa premissa é porque ainda não conhecemos suficientemente Aquele que renova todas as coisas e sopra onde quer (Jo 4,8) e ainda estamos condicionados aos nossos esquemas e limites. Por isso, a constatação feita por Jürgen Moltmann é fantástica:

> O dom e a presença do Espírito Santo são o acontecimento mais sublime e maravilhoso que pode suceder a nós, à comunidade humana, a todos os seres vivos e a essa terra. Pois no Espírito Santo não está presente um de muitos espíritos bons e maus, mas o próprio Deus, o Deus que cria e

> vivifica, que redime e salva. Onde está o Espírito Santo, ali Deus está presente de maneira especial, e nós experimentamos a Deus por meio de nossa vida, que se torna totalmente viva por dentro. Experimentamos a vida integral, plena, restaurada e redimida com todos os nossos sentidos. Sentimos e degustamos, apalpamos e vemos nossa vida em Deus e Deus em nossa vida.[13]

Estamos falando de experimentar Deus, de aprender a conviver com seu Espírito. Maria foi aquela que "tudo guardou e meditou em seu coração" (Lc 2,19), viveu uma profunda iluminação interior e aprendeu por experiência própria o que significa ser "conduzida pelo Espírito" (Gl 5,16). Martin Lutero, ao comentar o Magnificat, afirmou que ela "foi iluminada e instruída pelo Espírito Santo".[14] Ela viveu uma experiência pessoal com o Espírito. Não foi uma ideia ou um sentimento, ela se envolveu com Deus. De pessoa para pessoa: a pessoa humana de Maria e a Pessoa Divina do Pneuma.

Consideramos ser esse um elemento constitutivo da Mariologia. Em nossa opinião não é possível fazer Mariologia sem Pneumatologia pelo simples fato de que a presença e ação do Espírito em Maria é algo central e determinante, ou seja, tudo depende desse acontecimento-experiência, inclusive a própria maternidade e encarnação do Verbo. Contemplar o mistério marial pelo prisma de uma "pneumariologia"[15] talvez seja um dos principais caminhos a serem percorridos pelos mariólogos no século XXI.

A compreensão dessa relação esponsal vivida por Maria "no Espírito" como experiência transcendente, vivificante, plena e histórica é que a credencia como modelo singular de mulher e mãe. O Concílio Vaticano II ao falar de sua singularidade[16], não destacou apenas o extraordinário acontecimento da encarnação, mas também sua caminhada histórica como a "excelsa filha de Sião"[17]. O efeito da sombra do Altíssimo (Lc 1,35) não foi passividade, sua ida às pressas ao encontro de Isabel (Lc 1,39-45) demonstra a vitalidade de sua experiência vocacional como esposa do Espírito e mãe do Verbo encarnado.

Falando da singularidade de Maria, Von Urs Balthasar diz que não devemos nos esquecer "de que ela possui, desde o princípio, a graça plena do Espírito Santo, e que, por essa razão, essa reflexão sobre tudo o que lhe acontecia não pode ser um tatear no escuro, mas um sereno crescimento e amadurecimento de sua intuição, que é, com efeito, a intuição da simples serva do Senhor"[18]. Ele aplica a Maria o conceito de "perfeição autenticamente humana"[19] e o explica: "O que é singular, em relação a ela, é que o Espírito de Pentecostes, no fundo, não faz nada além de mostrar-lhe o conteúdo de sua própria experiência, do modo como sua memória a conservava. Uma memória que abrigava todos os dogmas da revelação em uma unidade e integração perfeitas".[20]

No entanto, é preciso destacar que essa experiência de Maria com o Espírito não significa que ela "viveu nas nuvens", muito pelo contrário, sua experiência pneumática comportou uma concretude existencial que não pode ser ignorada. No caso de Maria, seus dias foram repletos dos desafios próprios de sua condição humana e social, como nos lembra Balthasar:

> Vive em um deserto de preocupações e angústias. Não sabemos de que maneira o Espírito Santo, que um dia a havia coberto com sua sombra, alimenta-a nesse deserto. Provavelmente, porém, ela era alimentada, acima de tudo, com aquilo que havia de mais fecundo: a noite dos sentidos e do espírito, até chegar à fé mais pura e despojada, que, por fim, torna-a capaz de testemunhar o horror da crucificação de seu filho, e de não apenas perdê-lo, mas também ser consignada a um outro como mãe, em um solene testamento.[21]

A experiência da graça não exclui a densidade histórica, mas a pressupõe. Ao tratarmos da experiência espiritual de Maria seria um erro, às vezes cometido por alguns, negligenciar a própria dinâmica do mistério da encarnação. Maria teve uma vida igual a de tantas mulheres de sua época no que diz respeito ao cotidiano de uma judia de família humilde. Não foi uma vida fácil. Assim Lutero descreveu a experiência cotidiana de Maria, reconhecendo suas virtudes:

> Não se vangloria, não se gaba de que se tornou mãe de Deus, não exige honra. Mas vai e trabalha na casa como antes, ordenha vacas, cozinha, lava louça, varre e ocupa-se como uma empregada ou uma dona de casa deve ocupar-se com trabalhos pequenos e insignificantes, como se não se importasse com esses dons e graças extraordinárias. Ela não é julgada melhor entre as mulheres e vizinhos do que antes. Ela também não quis ser mais, mas continuou sendo uma pobre cidadã no meio da massa de pessoas humildes. Oh que coração simples e puro! Que pessoa admirável![22]

2. Intimidade

Íntimo é superlativo da palavra *intus*, que significa "dentro" em latim, portanto "íntimo" equivaleria no português, se a palavra existisse, ao termo "dentríssimo", algo profundamente interior, uma condição absolutamente típica de Maria, que guardava e meditava tudo em seu coração de mãe (Lc 2,51b). É o Espírito Santo que gera intimidade no coração de Maria. Assim como no matrimônio a intimidade é necessária à fecundação, na vida espiritual é a intimidade que fecunda a alma com a presença amorosa de Deus para gerar homens e mulheres renovados.

Cantalamessa, comentando a afirmação de São Basílio de que o Espírito Santo cria a intimidade com Deus, assim se expressa sobre esse princípio: "A intimidade tira o medo de Deus, e em seu lugar põe no coração um grande desejo de agradá-lo e de fazê-lo contente. (...) A intimidade é aquilo que permite ao esposo e à esposa estarem em liberdade um diante do outro, sem precisar esconder nada. Deus é íntimo a nós porque prometeu vir morar 'dentro' (intus) de nós, fazer de nosso coração sua morada (cf. Jo 14,17)".[23]

Na esteira patrística de Orígenes e Epifânio, Maria é como uma carta onde Espírito Santo escreve o Verbo[24]. O Verbo Encarnado é inscrito e escrito em Maria: inscrito na intimidade do coração por sua adesão de fé e escrito em seu corpo que passará pelas transformações próprias da maternidade.

Maria, ao desfrutar dessa intimidade espiritual, não foi *Nubit Spiritui* apenas na encarnação. Precisamos superar essa visão utilitarista pela qual Deus teria usado de Maria apenas para trazer Jesus ao mundo. Tanto sua relação esponsal com o Espírito quanto sua relação maternal com Jesus são relações permanentes, frutos de sua intimidade com Deus. Cantalamessa afirma que ela não foi apenas o "lugar" do agir de Deus, mas a pessoa que soube acolher o Espírito e conviver com ele em uma relação pessoal e colaborativa:

> Pondo Maria em tão íntimo relacionamento com o Espírito, primeiro na Encarnação e depois, de maneira diversa, também no Pentecostes, Lucas no-la apresenta, segundo a concepção geral que ele tem da ação do Espírito, como a criatura pneumática por excelência, que age sob o influxo do Espírito, como o lugar da manifestação da força criadora de Deus. Tudo isso, porém, não deve induzir-nos a imaginar entre Maria e o Espírito Santo um relacionamento quase unicamente objetivo e operativo, que não tocasse a esfera mais íntima da pessoa com suas emoções e seus sentimentos. Maria não foi só o "lugar" onde Deus agiu. Deus não trata as pessoas como lugares, mas exatamente como pessoas, isto é, como colaboradoras e interlocutoras.[25]

Mas essa intimidade relacional não se tornou intimista ou fechada. A experiência mística de Maria, que chamamos de relação esponsal, não foi um fim em si mesma, pois a missão do Espírito não foi tão somente unir-se a Maria. A inconcebível união hipostática defendida por Leonardo Boff como encarnação do Espírito em Maria por meio da espiritualização de sua pessoa humana[26], inviabilizaria qualquer leitura tipológica, já que nesse caso ela deixaria de ser ícone para se tornar o próprio ente divino. O que faz de Maria modelo para os crentes é justamente sua capacidade humana de corresponder ao amor divino.

Não existe intimidade sem oração. A contemplação desse mistério deve nos conduzir à oração. "Maria, modelo da mulher nova e renovada pelo Espírito, é modelo para toda a humanidade e para a Igreja, tanto por sua maternidade virginal quanto por sua experiência de oração, mulher orante, modelo para a Igreja orante".[27] De fato, contemplando Maria, não podemos conceber um cristão que não reze ou que sua oração seja vazia e superficial. Maria nos ensina a orar na profundidade do ser, uma oração que brota do silencioso encontro íntimo com Deus, mesmo que depois possa tornar-se oração vocal, canto de louvor e de exultação no Espírito.

Mas qual foi a oração de Maria? Biblicamente falando, temos o belíssimo canto do Magnificat (Lc 1,46-55), mas não podemos nos esquecer que toda a sua vida foi oracional. Maria ora com sua presença. Orar é estar presente. Uma das grandes dificuldades de nossos dias é justamente nos colocarmos verdadeiramente na presença de Deus. O próprio Jesus recomendava a seus discípulos orarem ao Pai em segredo (Mt 6,7), ou seja, estarem presentes somente diante de Deus e não diante dos homens. Parece que Maria viveu intensamente isso, talvez o próprio Jesus possa ter aprendido a rezar com sua mãe.

3. Carisma

Após termos analisado a relação de Maria com o Espírito sob o prisma da experiência e da intimidade, faz-se necessário abordar também a dimensão carismática dessa relação, pois é justamente seu aspecto carismático que possibilitará à Igreja redescobrir na Virgem Mãe sua genuína vocação materno-eclesial. Para isso precisamos refletir sobre o carisma próprio de Maria.

Qual o carisma de Maria? Garcia Rey Paredes afirma que "a concepção virginal envolveu em maternidade virginal toda a vida de Maria. Não necessitou fazer nenhum voto de virgindade. O carisma da maternidade virginal foi acolhido por ela como projeto de vida".[28] Isso por certo se constitui uma graça (=*charis*) própria de Maria. É um acontecimento que só pode ser compreendido pela dinâmica da graça, segundo "a lógica do projeto histórico de Deus, que supera nossos raciocínios e deduções".[29] Portanto, Maria recebeu um carisma próprio do Espírito: a maternidade virginal vivida por meio de uma virgindade esponsal.

Segundo a grande marióloga Prof.ª Lina Boff, "Maria acolhe as manifestações do Espírito em seu modo de ser mãe, mulher e participante na intercessão do Filho"[30]. Ela é, segundo Cantalamessa, depois de Jesus, "a maior carismática porque nela o Espírito Santo realizou a maior de suas ações prodigiosas, suscitando em Maria não uma palavra de sabedoria, não uma grande capacidade de governo, não uma visão, não um sonho, não uma profecia, mas a vida mesma do Messias".[31]

Cantalamessa sustenta "que ela foi a primeira batizada no Espírito aos pés da cruz, como representante da Igreja"[32] no Pentecostes Joanino.[33] A consideração do mistério da cruz como experiência carismática se torna premissa para compreensão da relação de Maria com a Igreja, pois é justamente desse mistério encarnado na história e cujo ápice se dá no Calvário, que emana a maternidade espiritual de Maria. Na oferta consumada que Cristo faz de si a seu Corpo Místico, a Virgem figura certamente como testemunha, mas também como depositária do mistério, como arca da nova aliança, não mais para cuidar de Jesus, mas para ser portadora do novo Paráclito que lhe foi entregue pelo Cristo na Cruz (Jo 19,30).

Paul Evdokimov, ao falar sobre o ascetismo, apresenta uma definição muito interessante sobre "estado carismático", que em seu aspecto positivo pode ser aplicado a Maria: "Negativamente, e visto a partir de baixo, o ascetismo é a luta invisível, incessante, sem descanso; positivamente, e visto a partir do alto, ele é iluminação, aquisição de dons, passagem para o estado carismático".[34] Com certeza Maria viveu essa iluminação positiva do Espírito diferentemente de outros santos, que precisaram praticar a ascese do combate espiritual. Em Maria é provável que essa vivência carismática pela via da iluminação tenha se dado de forma intensa, crescente e contínua.

Jürgen Moltmann, falando da ação cotidiana do Espírito, diz que quando somos "atingidos pelo Espírito da vida, toda a nossa vida pessoal torna-se uma experiência carismática. A vida nesse Espírito abrange toda a vida vivida, vivifica-a a partir de dentro, e transfigura-a. Nenhuma esfera é excluída desse processo".[35] O ser de Maria, enquanto inabitado pelo Espírito, certamente vivenciou de forma crescente essa transfiguração espiritual.

É preciso fazer esse exercício de contemplação da caminhada de Maria, de olhar para a menina da Anunciação, para a mulher aos pés da cruz e para a mãe do Cenáculo. Não podemos cair no reducionismo de enquadrá-la como apenas mais uma que recebeu línguas de fogo em Pentecostes, pois ela viveu, segundo Stefano de Fiores, seu primeiro Pentecostes já no episódio da Anunciação, que ele chamou de *protopentecostes*.[36]

A caminhada de Maria da Anunciação a Pentecostes realmente muito interessa à reflexão tipológica, pois a maneira como Maria conviveu com o Espírito Santo por mais de três décadas, certamente influenciou a Igreja primitiva após a epifania de Pentecostes. É possível, inclusive, estabelecer um paralelo entre os atos de Maria após a Anunciação e os atos dos Apóstolos após Pentecostes, pois "o mistério da Encarnação encontra em Pentecostes a mesma fecundidade que encontrou em Maria quando concebeu por obra do Espírito".[37]

A relação Anunciação – Pentecostes, além de ter em comum a origem lucana, aponta para o fato de que Maria antecipa em si a experiência carismática dos apóstolos: "Recebido o Espírito Santo, Maria põe-se a proclamar (megalynei), em uma linguagem inspirada, as grandes obras (megala) feitas nela pelo Senhor (cf Lc 1,46.49); da mesma maneira, os apóstolos, recebido o Espírito Santo, põem-se a proclamar em várias línguas as grandes obras (megaleia) de Deus (cf. At 2,11)".[38] De fato, o Magnificat, além de canto esponsal, pode com razão ser considerado, em alusão à pregação de Pedro (At 2,14-36), como a pregação carismática de Maria: um anúncio profético que ressoa de geração em geração.

4. Solidariedade

Como a contemplação da relação de Maria com o Espírito Santo em seu aspecto esponsal pode ajudar a Igreja a viver sua vocação profética no mundo? O que Maria tem a nos dizer nessa hora tão decisiva de nossa história? O bom de estudar Mariologia é que sempre encontramos respostas para os desafios da vida, pois Maria não é apenas um exemplo que inspira, mas uma mãe que caminha conosco.

Assim a Igreja se pronunciou em Puebla: "Essa Igreja, que com nova lucidez e decisão, quer evangelizar em profundidade, na raiz, na cultura do povo, dirige-se a Maria para que o evangelho seja mais carne, mais coração da América Latina. Essa é a hora de Maria, tempo de novo Pentecostes que ela preside com sua oração, quando sob o influxo do Espírito Santo, a Igreja inicia novo caminho em seu peregrinar".[39]

O atual pontificado do papa Francisco tem procurado resgatar o papel materno da Igreja, que encontra em Maria seu modelo de mãe como aquela que "sabe transformar um curral de animais na casa de Jesus, com uns pobres paninhos e uma montanha de ternura".[40] Na vivência de sua maternidade esponsal, ela ama e acolhe de tal forma que "ninguém – querendo ou não – fica sem lugar sob seu manto. Pois se seu Filho, através da Paixão, escolheu a todos para serem seus irmãos e irmãs, ela não pode senão ser a Mãe de todos eles".[41]

O Documento de Aparecida reafirma categoricamente que a Igreja é mãe como a Virgem Maria e que esta visão mariana da Igreja é o melhor remédio para uma igreja meramente funcional ou burocrática.[42] E ainda complementa:

> Com os olhos postos em seus filhos e em suas necessidades, como em Caná da Galileia, Maria ajuda a manter vivas as atitudes de atenção, de serviço, de entrega e de gratuidade que devem distinguir os discípulos de seu Filho. Indica, além do mais, qual é a pedagogia para que os pobres, em cada comunidade cristã, "sintam-se como

> em casa". Cria comunhão e educa para um estilo de vida compartilhada e solidária, em fraternidade, na atenção e acolhida do outro, especialmente se é pobre ou necessitado. Em nossas comunidades, sua forte presença tem enriquecido e continuará enriquecendo a dimensão materna da Igreja e sua atitude acolhedora, que a converte em "casa e escola de comunhão" e em espaço espiritual que prepara para a missão.[43]

Balthasar concorda ao dizer que "de fato, é impressionante como ela, por ocasião das bodas de Caná, já havia compreendido tudo! Ela já compreendera que podia interceder pelos pobres anfitriões, que não tinham mais nada para oferecer".[44] Não podemos nos esquecer de que provavelmente era uma festa de pessoas pobres, com recursos limitados, e que o fim da festa atingia diretamente a dignidade dos noivos. Olhando para Caná, é possível identificar na postura atenta de Maria um tipo de acolhimento que ousa tomar a iniciativa, que se envolve, que acompanha, gera frutos e festeja.[45]

A Igreja precisa deslocar-se, dar um passo à frente de seu tempo para estender a mão a todos aqueles que estão à margem da sociedade. E para isso precisa estar sob o impulso do Espírito, tal como esteve Maria ao sair apressadamente para visitar Isabel após o grande acontecimento da Anunciação (Lc 1,39). Não estamos acostumados a pensar a esponsalidade pelo viés da missão, do ir ao encontro do outro para acolhê-lo e não apenas ficar aguardando para recepcioná-lo, pois talvez ele não venha ou não volte. Quem ama, se importa e sai à procura da ovelha desgarrada (Lc 15,4).

É necessário que a Igreja, a exemplo de Maria, sem abandonar o depósito da fé, possa se colocar como serva da humanidade com gestos concretos de amor e solidariedade. Maria, espelho para a Igreja, é o modelo de mulher solidária que nos motiva a participar da missão do Paráclito, advogando, consolando e cuidando daqueles que mais necessitam. O sim de Maria foi sem dúvida um autêntico ato de solidariedade:

> Ao acolher, espiritual e corporalmente o Filho de Deus, Maria participou ativamente, colaborando para que o dom divino que ela recebera para si mesma se tornasse dom para todas as pessoas. Solidariedade que, aqui, significa reconhecimento da soberania de Deus, que significa disponibilidade e aceitação do dom da experiência amorosa de Deus, Pai, Filho, Espírito Santo que salva e liberta e tudo renova".[46]

O termo "solidário", além de expressar a ideia de colaboração, possui também um significado menos utilizado, que é o da corresponsabilidade por uma dívida. Vejamos o que diz a Doutrina Social da Igreja a respeito desse princípio:

> O princípio da solidariedade implica que os homens do nosso tempo cultivem uma maior consciência do débito que têm para com a sociedade em que estão inseridos: são devedores daquelas condições que tornam possível a existência humana, bem como do patrimônio, indivisível e indispensável, constituído da cultura, do conhecimento científico e tecnológico, dos bens materiais e imateriais, de tudo aquilo que a história da humanida-

> de produziu. Um tal débito há de ser honrado nas várias manifestações do agir social, de modo que o caminho dos homens não se interrompa, mas continue aberto às gerações presentes e futuras, chamadas juntas, umas e outras, a compartilhar na solidariedade do mesmo dom.[47]

Portanto, ser solidário implica em reconhecer-se corresponsável pela vida do outro, pelo planeta, pela sociedade em que vivemos e, inclusive, pela fé que partilhamos e igreja que somos. O problema do outro sempre me diz respeito, suas necessidades, debilidades e, até mesmo, seus pecados possuem caráter comunitário. Estamos todos no mesmo barco, na mesma casa e na mesma festa. Se vier a faltar vinho (Jo 2,3) e a festa estiver ameaçada, precisaremos praticar a eloquente solidariedade de Maria em Caná[48], pois só assim seremos admitidos às núpcias eternas do Deus Amor.

3. AMÉM AO AMADO

Voltando nossa contemplação para o trono reluzente da Mãe Aparecida, precisamos nos deixar interpelar pela palavra *Amém*. Não apenas a palavra do artista ou a palavra bíblica, mas pela palavra que sai do coração de cada fiel que por ali passa rezando a Nossa Senhora. O *Amém* é uma palavra de fé, de esperança e de amor. Ao final de cada Ave-Maria, o *Amém* é renovado e se renova também a labuta de um povo sofrido, marcado pela dor das dificuldades, mas que confia na proteção maternal e amorosa de Maria.

Muitas vezes nossa teologia corre o risco de se tornar fria, sem emoção. Relegamos à emoção um valor menor do que à razão. Entretanto elas estão interligadas e conectadas sob o denominador comum da religiosidade e da fé. O povo ama Maria e se emociona de poder chegar perto da pequena imagem achada nas águas turvas do Rio Paraíba do Sul. Desde o início da devoção à Mãe Aparecida, essa tem sido sua marca: o amor filial e sempre efusivo de seus devotos.

É do papa João Paulo II a afirmação de que "o Espírito Santo entrará no sofrimento humano e cósmico com uma nova efusão de amor, que redimirá o mundo".[49] Maria, enquanto ícone da aliança esponsal, foi aquela que testemunhou e correspondeu por primeiro à graça dessa efusão de amor. E como seus filhos, também nós precisamos fazer a experiência da chama de amor de seu imaculado coração.

O papa Francisco em sua Encíclica *Gaudete et Exsultatem* nos questiona: "Tens momentos em que te colocas em sua presença em silêncio, permaneces com Ele sem pressa, e te deixas olhar por Ele? Deixas que seu fogo inflame teu coração? Se não permites que Jesus alimente nele o calor do amor e da ternura, não terás fogo e, assim, como poderás inflamar o coração dos outros com teu testemunho e tuas palavras?"[50]

Esse fogo que inflama o coração é o fogo do amor de Deus, é a caridade ardente a qual se refere a *Redemptoris Mater*: "Ao longo do caminho de tal colaboração com a obra do Filho-Redentor, a própria maternidade de Maria veio a conhecer uma transformação singular, sendo cada vez mais cumulada de 'caridade ardente' para com todos aqueles a quem se destinava a missão de Cristo".[51]

Também a Igreja, enquanto mãe, sem perder sua referência sacramental que remete a Cristo, precisa fazer a experiência dessa graça, deixando-se renovar pelo Espírito de Amor, a fim de que pela contemplação orante possa gerar verdadeiros filhos ardentes em caridade: "O Espírito quer realizar na Igreja o mesmo que fez em Maria como mulher. Fazer da Igreja espaço fecundo na geração de filhos/as de Deus, por obra do Espírito".[52]

Santo Agostinho ao analisar a afirmação joanina de que Deus é Amor (cf. 1Jo 4,8), presenteou-nos com uma belíssima reflexão: "O Espírito Santo, que procede de Deus, quando é outorgado ao homem, inflama-o de amor por Deus e pelo próximo, sendo ele mesmo o Amor. O homem, com efeito, nada possui para amar a Deus, senão o que recebe de Deus. Por isso, o apóstolo João acrescenta: *Quanto a nós, amemos, porque ele nos amou primeiro* (1Jo 4,7-19). O apóstolo Paulo também diz: *O amor de Deus foi derramado em nossos corações pelo Espírito Santo que nos foi dado* (Rm 5,5)".[53]

Agostinho reconhece que existe um princípio gerador que atua no ser humano para capacitá-lo ao amor. Faz uma importante ligação entre as teologias joanina e paulina, demonstrando que ambas concordam quanto a esse princípio. É em Agostinho que encontramos a origem da abordagem teológica do Espírito como Dom:

> A caridade, portanto, que vem de Deus é Deus, é propriamente o Espírito Santo, pelo qual é difundido em nossos corações o amor de Deus, mediante o qual, toda a Trindade habita em nós. Por essa razão, o Espírito Santo, sendo Deus, é chamado também, com muita razão, Dom de Deus (At 8,20). E o que será esse dom, senão a Caridade que nos conduz a Deus e sem a qual, qualquer outro dom de Deus não nos leva a Deus?[54]

Cantalamessa aprofunda a teologia de Agostinho, afirmando que "derramando nos corações a caridade, o Espírito Santo não infunde só uma virtude, talvez a maior de todas elas, mas infunde a si mesmo. O dom de Deus é o próprio Doador. Nós amamos a Deus por meio de Deus"[55]. E esse dom de Deus, sendo o próprio Doador, criaria no ser humano um dinamismo próprio do ser trinitário: O Espírito Santo não infunde só em nós o "dom de Deus", mas também a capacidade e a necessidade de nos darmos. Ele nos contagia, por assim dizer, com seu próprio ser. Ele é o "dar-se", e onde chega cria um dinamismo que leva o fiel a se fazer, por sua vez, dom para os outros.[56]

E é aqui que encontramos a chave para compreensão do mistério marial. Maria foi movida pelo Amor e conduzida pelo Dom: Amar e dar-se! Dar-se por amor! Chegamos ao ponto central, ao segredo existencial de Maria. Tanto a resposta do Espírito, quanto a resposta da Esposa são uníssonas: Amém! Amém ao Amado! Só quem se deixa tocar pelo Espírito é capaz de pronunciar o *Amém* ao Amado.

No nicho da imagem de Aparecida encontramos o amor declarado em forma de prece: *Amém. Vem, Senhor Jesus.* Ao Jesus que se revela no altar central do Santuário chega o suspiro da noiva Igreja, que desde Caná percorre as estradas da vida à procura de seu futuro esposo. E se hoje podemos festejar as núpcias eucarísticas, é porque Maria nos introduziu no caminho do sim nupcial e do amor esponsal. Ela deseja que participemos com ela das núpcias eternas, por isso nos exorta a buscar o Amado até encontrá-lo:

"Em meu leito, durante a noite,
Procurei o amado de minha alma.
Procurei-o, e não o encontrei.
Vou, pois, levantar-me e percorrer a cidade,
pelas ruas e pelas praças,
procurando o amado de minha alma.
Procurei-o, e não o encontrei.
Encontraram-me os guardas,

que faziam as rondas pela cidade:
Acaso vistes, vós, o amado de minha alma?
Pouco depois de ter passado por eles,
Encontrei, afinal, o amado de minha alma.
Segurei-o e não o soltarei" (Ct 3,1-4).

CONCLUSÃO

Chegando ao final desta breve partilha gostaríamos de tentar dizer tudo que foi dito de uma maneira diferente, por meio de uma pequena parábola: a história de um casal e seus dois pequenos filhos.

Na casa da família havia um grande quintal com árvores, grama verde, brinquedos e uma linda piscina. A piscina foi a última coisa a ser construída na casa. Quando finalmente ficou pronta, os dois meninos pediram ao pai para entrarem na piscina. E aí veio uma dura resposta: Não! Eles não podiam entrar na piscina porque não sabiam nadar. O pai, que trabalhava durante todo o dia, disse que só poderiam entrar na piscina acompanhados e deixou ordens expressas para não entrarem na piscina, pois poderiam se afogar. Os meninos choraram e choraram muito, insistindo e dizendo, inclusive, que o pai não os amava por não permitir que entrassem na piscina.

A piscina é o Céu. Só pode entrar no Céu quem sabe nadar. Mesmo os filhos de Deus, destinatários da salvação conquistada por Cristo, não podem entrar no Céu se não souberem nadar. Sem saber nadar, a mesma água que traz alegria pode trazer agonia. A água da piscina é o amor de Deus. Saber nadar é saber amar! O Céu é comunhão trinitária no amor; e quem não aprende a amar nesta vida, se quiser entrar na piscina, precisará aprender a amar, ainda que seja no Purgatório. Embora pareça que a atitude do pai é autoritária em não permitir que entrem logo na piscina, essa proibição é, na verdade, uma demonstração de amor.

Mas a história não acaba assim: os meninos lembraram de recorrer à mãe. De fato, a **mãe não podia permitir que entrassem na piscina,** não podia contradizer a ordem do pai. Mas ela não pôde recusar o pedido que os meninos lhe fizeram: "Mãe, ensina a gente a nadar"! E a mãe, vendo o quanto a súplica era sincera e que aquilo iria fazê-los felizes, decidiu ensiná-los a nadar.

A Virgem Maria é nossa mãe e mestra. Ela sabe nadar, porque aprendeu a amar a Deus sobre todas as coisas e é a única, além de seu filho, que já se encontra de corpo e alma na glória do Céu. Ensinar a nadar é ensinar a viver a experiência cotidiana do amor esponsal, é ensinar a orar com intimidade e a testemunhar com solidariedade a fé cristã. Já dissemos que a **água da piscina é o** amor de Deus, mas esse amor na verdade é o próprio Deus. É Nele que vivemos, movemo-nos e existimos (At 17,28). Isso é graça, é comunhão, é experiência carismática e trinitária do amor de Deus! É no Espírito Santo, Amor e Dom por excelência, que mergulhamos quando entramos na piscina. É no Espírito que nadamos, é no Espírito que amamos!

O que aqueles meninos mais queriam ouvir era um "sim", entretanto ouviram primeiro um "não". E só depois da tensão escatológica da espera, com a ajuda da mãe, puderam mergulhar na piscina. Com a ajuda de Maria podemos mergulhar em Deus! Ela está pronta a nos ajudar, a nos tomar pela mão e a mergulhar conosco em Deus. Afinal de contas, não é essa a experiência que fazemos de Maria, de sua presença maternal? Não é isso que esperamos dela quando pedimos que passe a nossa frente e nos ajude em nossas necessidades?

Convido o leitor a renovar agora com Maria o seu *Sim*, pronunciando em prece o seu *Amém*:

Amém a uma igreja carismática e solidária!
Amém a uma mariologia inspiradora e existencial!
Amém a uma fé encarnada e corajosa!
Amém a uma comunidade comprometida e fervorosa!
Amém a uma oração íntima e renovada!
Amém a uma humanidade fraterna e solícita!
Amém a um cristianismo autêntico e engajado!
Amém a uma devoção sincera e profética!
Amém a uma pastoral missionária e mariana!
Amém a uma contemplação madura e fecunda!

Amém! Amém! Amém!

NOTAS

[1] Luís Rivero GARCÍA, La Poesia de Prudencio,1997, p. 69.

[2] LUÍS MARIA GRIGNION DE MONTFORT, *Tratado da verdadeira devoção à Santíssima Virgem*, 2015, p. 25.

[3] *Marialis Cultus* 26.

[4] *Redemptoris Mater* 26.

[5] *Lumen Gentium* 53.

[6] Bruno FORTE, *Maria, a mulher ícone do mistério: ensaio de mariologia simbólico--narrativa*, 1991, p. 224.

[7] *Idem*, p. 223.

[8] *Idem*, p. 231.

[9] *Idem*, p. 223

[10] Raniero CANTALAMESSA, *Maria, um espelho para a Igreja*, 1992, p. 45.

[11] Bruno FORTE, *opus citatum*, p. 221.

[12] *Idem*, p. 434.

[13] Jürgen MOLTMANN, *A Fonte da Vida: O Espírito Santo e a teologia da vida*, 2002, p. 19.

[14] Martin LUTERO, *Magnificat: O Louvor de Maria*, 2015, p. 21

[15] *Pneumariologia* é um neologismo adotado por este autor para descrever o crescente estudo da Mariologia a partir de pressupostos da Pneumatologia. Em 2018, o teólogo Michael Scherschligt em sua tese de doutorado no *International Marian Research Institute*, vinculado *à* Pontifícia Faculdade *Marianum*, defendeu que a Mariologia não fosse apenas cristotípica ou eclesiotípica, mas também uma *Pneumatological Mariology* (Mariologia Pneumatológica), que optamos por chamar de *Pneumariologia*. Michael SCHERSCHLIGT, *The Development of the Historical and Theological Understanding of the Relationship of the Holy Spirit and Mary in the time between 1962 and 2005 based on Magisterial Documents and Theological Reflection*, 2018, p. 343.

[16] Cf. *Lumen Gentium*, 53.

[17] *Idem* 55.

[18] Hans Urs von BALTHASAR, *Maria para hoje*, 2016, p. 34.

[19] *Idem*, p. 38.

[20] *Ibidem.*
[21] Hans Urs von BALTHASAR, *opus citatem*, p. 12.
[22] Martin LUTERO, *opus citatem*, p. 67.
[23] Raniero CANTALAMESSA, *opus citatem*, p. 212.
[24] *Idem*, p. 5.
[25] *Idem*, p. 190.
[26] Angelo AMATO, *Espírito Santo, in Dicionário de Mariologia*, 1995, p. 465.
[27] Barbara p. BUCKER; Lina BOFF; Maria Carmen AVELAR, *Maria e a Trindade: implicações pastorais, caminho pedagógico, vivência da espiritualidade*, 2008, p. 74.
[28] José Cristo Rey García PAREDES, *Mariologia: síntese bíblica, histórica e sistemática*, 2011, p. 324.
[29] *Idem*, p. 313.
[30] Lina BOFF, *Como tudo começou com Maria de Nazaré*, 2016, p. 103.
[31] Raniero CANTALAMESSA, *opus citatem*, p. 188.
[32] Raniero CANTALAMESSA, *opus citatem*, p. 207.
[33] Cf. Raniero CANTALAMESSA, *opus citatem*, p. 201-204.
[34] Paul EVDOKIMOV, *O silêncio amoroso de Deus*, 2007, p. 51.
[35] Jürgen MOLTMANN, *opus citatem*, p. 65.
[36] Stefano DE FIORES apud João Justino de Medeiros SILVA, *Pneumatologia e mariologia no horizonte teológico latino-americano*, 2003, p. 280.
[37] Lina BOFF, *opus citatem*, p. 123.
[38] Raniero CANTALAMESSA, *opus citatem*, p. 184.
[39] CONFERÊNCIA GERAL DO EPISCOPADO LATINO-AMERICANO, *A evangelização no presente e no futuro da América Latina*, 1995, p. 152.
[40] *Evangelii Gaudium*, 286.
[41] Hans Urs von BALTHASAR, *opus citatem*, p. 71.
[42] DOCUMENTO DE APARECIDA, 268.
[43] *Idem*, 272.
[44] Hans Urs von BALTHASAR, *opus citatem*, p. 35.
[45] *Evangelii Gaudium*, 24.
[46] Barbara p. BUCKER; Lina BOFF; Maria Carmen AVELAR, *opus citatem*, 109.
[47] COMPÊNDIO DA DOUTRINA SOCIAL DA IGREJA, 195.
[48] Barbara p. BUCKER; Lina BOFF; Maria Carmen AVELAR, *opus citatem*, 113.
[49] *Dominum et Vivificantem*, 39.
[50] *Gaudete et Exsultate*, 151.
[51] *Redemptoris Mater*, 39.
[52] Barbara p. BUCKER; Lina BOFF; Maria Carmen AVELAR, *opus citatem*, 147.
[53] SANTO AGOSTINHO, *A Trindade*, 1995, p. 527.
[54] *Ibidem.*
[55] Raniero CANTALAMESSA, *O Canto do Espírito: meditações sobre o Veni Creator*, 1998, p. 89.
[56] *Idem*, p. 92.

REFERÊNCIAS

AGOSTINHO. *A Trindade*. São Paulo: Paulus: 1995.

AMATO, Angelo. *Espírito Santo. In Dicionário de Mariologia*: São Paulo: Paulus, 1995, p. 445-470.

AVELAR, Maria Carmen; BOFF, Lina; BUCKER, Bárbara P. *Maria e a Trindade: implicações pastorais, caminho pedagógico, vivência da espiritualidade*. São Paulo: Paulus, 2002.

BALTHASAR, Hans Urs Von. *Maria para hoje*. São Paulo: Paulus, 2017.

BÍBLIA da CNBB. Brasília: Edições CNBB, 2019.

BOFF, Lina. *Como tudo começou com Maria de Nazaré*. Rio de Janeiro: Letra Capital, 2016.

CANTALAMESSA, Raniero. *Maria: um espelho para a Igreja*. Aparecida: Editora Santuário, 1992.

_______. *Canto do Espírito: meditações sobre o Veni Creator*. Petrópolis: Ed. Vozes, 1998.

CONCÍLIO ECUMÊNICO VATICANO II. Constituição Dogmática *Lumen Gentium*. In *Compêndio do Vaticano II*. Petrópolis: Editora Vozes, 25 ed. 1996, p. 39-113.

CONFERÊNCIA GERAL DO EPISCOPADO LATINO-AMERICANO. *Documento de Aparecida: Texto conclusivo da V Conferência Geral do episcopado Latino-Americano e do Caribe*. Brasília: Edições CNBB, 2 ed. 2007.

_______. *Documento de Puebla: Evangelização no presente e no futuro da América Latina*. São Paulo: Paulinas, 14 ed. 1995.

EVDOKIMOV, Paul. *O silêncio amoroso de Deus*. Aparecida: Editora Santuário, 2007.

FORTE, Bruno. *Maria, a mulher ícone do mistério: ensaio de mariologia simbólico-narrativa*. São Paulo: Edições Paulinas, 1991.

FRANCISCO. *Evangelii Gaudium*. São Paulo: Edições Loyola, 2013.

_______. *Gaudete et Exsultate*. São Paulo: Paulinas, 2018.

JOÃO PAULO II. *Redemptoris Mater*. São Paulo: Paulinas, 15 ed. 2010.

_______. *Dominum et Vivificantem*. São Paulo: Paulinas, 9 ed. 2011.

LUÍS MARIA GRIGNION DE MONTFORT. *Tratado da verdadeira devoção à Santíssima Virgem*. Petrópolis: Editora Vozes, 2015.

LUTERO, Martin. *Magnificat: O louvor de Maria*. Aparecida: Editora Santuário; São Leopoldo: Editora Sinodal, 2015.

MOLTMANN, Jürgen. *A fonte da vida: O Espírito Santo e a teologia da vida*. São Paulo: Edições Loyola, 2002.

PAREDES, José Cristo Rey García. *Mariologia: síntese bíblica, histórica e sistemática*. São Paulo: Editora Ave-Maria, 2011.

PAULO VI. *Marialis Cultus*, 1974. Disponível em < http://w2.vatican.va/content/paul-vi/pt/apost_exhortations/documents/hf_p-vi_exh_19740202_marialis-cultus.html>, acesso em: 03 de julho de 2018.

PONTIFÍCIO CONSELHO "JUSTIÇA E PAZ". *Compêndio da doutrina social da Igreja*. São Paulo: Paulinas, 2011.

RIVERO GARCÍA, Luís. *La Poesia de Prudencio*. Huelva: Publicaciones Universidad de Huelva, 1996.

ROCCHETTA, Carlo. *Teologia da ternura: um "evangelho" a descobrir*. São Paulo: Paulus, 2006.

SILVA, João Justino de Medeiros. *Pneumatologia e mariologia no horizonte teológico latino-americano*. Roma: Pontifícia Universidade Gregoriana, 2003.

ÍNDICE

Este livro foi composto com as famílias tipográficas Segoe e Lithograph
e impresso em papel Offset 75g/m² pela **Gráfica Santuário.**